DE L'ALIMENTATION

MORALE

PENDANT LE SIÉGE

J. Claye, imprimeur
St Benoit 7 à Paris

ERNEST LEGOUVE

DE

L'ALIMENTATION MORALE

PENDANT LE SIÉGE

Conférence faite au Théâtre Français et au Collége de France

PRIX : 25 CENTIMES

PARIS
J. HETZEL & Cie, ÉDITEURS
18, RUE JACOB, 18

1870

DE
L'ALIMENTATION
MORALE
PENDANT LE SIÉGE

Mesdames et Messieurs,

Dans les circonstances terribles où nous nous trouvons, rien de plus utile sans doute que de songer à nourrir le corps; màis il n'importe pas moins de nourrir l'âme. D'abord, jusqu'ici, notre corps, à dire vrai, n'a pas souffert, tout au plus est-il à la ration; mais notre âme est à jeun! à jeun de tout ce qui la console ou la touche, à jeun de cette chose charmante qu'on appelle une lettre. Notre pauvre âme! elle est atteinte de toutes parts: les terreurs l'affolent, l'abattement l'accable, les séparations la déchirent... C'est une blessée, elle aussi! une blessée qu'il ne faut pas relever seulement çà et là sur quelque lointain champ de bataille, mais qui tombe meurtrie dans tous les coins de la ville!... Pas une maison qui ne soit une ambulance toute remplie de ces blessées-là!

C'est donc pour elle que je voudrais avec vous et devant vous chercher, dans les profondeurs de l'abîme où nous sommes tombés, les motifs de courage, les causes de confiance, les sujets de réconfort qui nous restent; je voudrais *glaner* tous les grains, tous les brins d'espérance, et en faire une gerbe pour nourrir la pauvre malade.

La chose me semble d'autant plus utile que, vous le savez, nourrir l'âme, c'est nourrir le corps. L'énergie morale est un cordial. Un maigre repas, mangé d'un cœur viril, vaut un festin. Quand vous n'aurez qu'un morceau de pain sec, mettez un peu de courage dessus, et vous verrez comme il vous soutiendra! Vous vous rappelez la multiplication des pains du Nouveau Testament: eh bien, ce miracle n'est pas seulement miracle d'Évangile; il ne s'opère pas seulement par les mains d'un Dieu; il est l'œuvre de tout homme qui a au dedans de lui un grand sentiment d'honneur, de patriotisme, de foi! Cet homme, lui aussi, fait mille pains avec trois pains, et cinq mille poissons avec cinq poissons! Lui aussi, s'il s'appelle Lamartine, Lincoln, Jules Favre, il nourrit la foule qui l'entoure avec quelques paroles parties de son âme; il la donne, cette âme, en aliment à tout un peuple, et ce peuple, comme dit l'Évangile, s'en retourne rassasié.

Puisons donc largement à ces deux grandes sources nourricières, la confiance et l'espérance; et puisque nous n'avons pas encore, Dieu merci, besoin de partager nos provisions de bouche, partageons, si vous le voulez, nos provisions de cœur.

Je ne puis mieux commencer qu'en combattant dans l'esprit de quelques-uns d'entre vous un regret, peut-être une injustice.

J'ai entendu plusieurs fois, depuis le commencement du siége, des personnes, même de courage, regretter de n'avoir pas quitté Paris.

Eh bien, qu'elles le sachent! il est mille fois moins dur d'être dedans que dehors.

Permettez-moi d'alléguer pour preuve un fait particulier dont j'ai été témoin, et où plus d'un de vous se reconnaîtra.

Quelques jours avant le siége, un de mes amis, un de mes contemporains, se trouva cruellement partagé entre deux devoirs : il est grand-père, et il a plusieurs petits-enfants. Le père de ces enfants, rappelé à Paris par son service, ne pouvait pas les suivre dans l'asile qu'il leur avait choisi : leur mère s'en trouvait seule chargée. Que devait faire le grand-père? Il y a longtemps qu'il n'a plus le droit de porter une bande rouge à son pantalon; il n'exerce aucune fonction active qui exige sa présence à Paris. N'était-ce pas pour lui une obligation stricte de rester avec ses petits-enfants, de leur prêter appui?

Il le crut. Le père revint donc ici pour défendre le pays; le grand-père resta là-bas pour défendre sa famille.

Dès le second jour, le malaise le prit. S'il apercevait de loin, sur la plage, une figure de connaissance, il faisait un détour pour n'être pas aperçu. Au dedans de lui il entendait bien bas le mot de fuyard. Habitué qu'il était à regarder la conscience comme un juge infaillible, il se dit que ce dont il avait honte ne pouvait pas être bien. Le lendemain matin, il entra donc dans la chambre de celle qu'il s'était chargé de défendre et lui dit :

« Je ne peux plus y tenir ! il faut que je m'en aille. Quelque chose me dit que ma place est là-bas. Qu'y fèrai-je? Je n'en sais rien, mais la seule présence d'un homme de bonne volonté n'est jamais complétement inutile. On trouve toujours un conseil à donner, un secours à offrir, une souffrance à soulager, une douleur à consoler. Enfin, que te dirai-je? Quand je devrais ne rien faire, il faut que j'y aille. J'aime passionnément notre cher Paris ! J'y suis né, j'y ai été élevé, je lui ai dû cinquante ans de nobles plaisirs ; je ne l'abandonnerai pas aujourd'hui. Quand un être qu'on aime est malade, on court à son chevet ; eh bien, Paris souffre ! je veux aller souffrir avec lui ! »

Celle qui l'écoutait répondit ce que beaucoup d'entre vous, Mesdames, auraient répondu :

« Mes devoirs maternels qui me retiennent ici m'empêchent de rien faire pour notre cher pays : je ne puis lui offrir qu'un sacrifice, ton absence : pars. »

Il partit et revint ici : eh bien, depuis son retour, je ne l'ai pas revu une seule fois sans lui entendre dire :

« Que je suis heureux d'être revenu ! »

Ce n'est pas que cette séparation ne lui soit une amère souffrance ; ce n'est pas qu'il ne suive sans cesse de la pensée ces êtres si chers, sur la plage où il les a laissés. Quand il rentre le soir, le bruit de ses pas, dans son appartement vide, lui retentit dans le cœur. La vue de ce salon, où il ne les voit plus, le remplit de tristesse! il lui paraît énorme, ce salon: un appartement sans femme est si grand! Nous autres hommes, nous ne meublons pas. Il y a même telle chambre où il n'ose pas rentrer, de peur d'y retrouver ce métier à tapisserie où elle travaillait, cette chaise où elle s'asseyait... Et pourtant, même au milieu de son chagrin, il finit toujours par répéter :

« N'importe, j'aime mieux être ici que là-bas ; il vaut mieux être dedans que dehors.. »

Il a raison. Les malheureux, ce sont eux! ce sont les absents! Sans doute, nous souffrons, nous, mais nous agissons, nous luttons; tandis qu'eux! quel supplice! Isolés! oisifs! passant leur journée à prêter l'oreille du côté de Paris, pour entendre s'il ne leur arrive pas quelque bruit de délivrance! ils sont sur la terre de France, et il leur semble être sur la terre d'exil. Les lettres qu'ils reçoivent de nous, s'ils en reçoivent, ne les rassurent qu'à demi. Nous étions sains et saufs quand nous leur avons écrit, le sommes-nous encore quand ils nous lisent? Leur imagination se figure que nous les avons trompés pour les rassurer. Leur mémoire leur retrace les horreurs de tous les siéges connus, et nous représente à eux comme enfermés dans un cercle de fer et de feu... Ah! Messieurs, plaignons-les, ne les envions pas! et surtout ne les accusons pas! Je m'indigne lorsque j'entends traiter tous ceux qui ne sont pas ici de déserteurs. Qu'il y ait eu quelques êtres faibles qui aient fui devant le danger, c'est possible; et ils ont bien fait de fuir; car, que nous auraient-ils apporté, sinon la contagion de leur faiblesse? Mais qu'il faille écrire à la fenêtre de tous les appartements vides : *absents pour cause de lâcheté*, voilà ce à quoi je ne consentirai jamais. J'ai horreur de cette liste des absents, elle ressemble à la loi des suspects. Elle me rappelle la plus cruelle ennemie, disons mieux, la plus mortelle maladie de la démocratie et de la République : le soupçon! Savez-vous ce qu'il fait, le soupçon? non-seulement des accusateurs iniques et des victimes innocentes, mais il crée la plus infâme race de ce monde, la race des délateurs! Ah! si nos regards pouvaient percer les lignes prussiennes, quel serait notre remords en voyant la plupart de ceux dont nous incriminions l'absence, tendant vers nous leurs bras... et peut-être leurs bras armés, pour accourir à notre aide. Vienne le jour du retour, de la réunion, et vous verrez si je dis vrai! Ce jour-là,... oh! ce jour-là sera un bien beau jour! Peut-être, en nous revoyant, ces chers êtres nous trouveront la face un peu blême, et les joues un peu creuses. Faisons tout du moins pour qu'ils nous retrouvent le cœur bien portant et l'âme plus vigoureuse et plus tendre.

La Fontaine a dit :

> L'absence est le plus grand des maux.

Elle est quelquefois aussi le plus grand des biens.

On apprend, dans l'absence, à estimer bien des choses dont on avait méconnu le prix. L'absence est comme la mort, elle nous rend plus justes pour ceux qui ne sont plus là, et plus sévères pour nous-mêmes; elle nous donne le remords de n'avoir pas toujours assez aimé, et surtout pas assez excusé nos compagnons de vie... Vous le dirai-je? je compte sur l'absence, c'est-à-dire sur le siége, pour réconcilier plus d'un ménage à moitié désuni.

Après ce conseil d'indulgence, qui, je crois, n'est pas inutile, permettez-moi de vous faire part de deux moyens de défense qui m'ont réussi.

Quand je revins à Paris, c'était le premier jour de l'investissement, je trouvai partout le découragement, le désespoir et le désordre! Je me traçai aussitôt mon plan de vie. Voici ce plan :

Un officier qui avait fait toutes les campagnes d'Allemagne et de Pologne me disait un jour que le plus terrible supplice de ces rudes guerres, c'était la boue, c'était la marche pendant de longs jours, à travers ces routes défoncées que la pluie transformait en une mer de fange liquide.

« Comment faisiez-vous pour vous en tirer? » lui dis-je.

« Oh! mon Dieu! c'est bien simple : je me mettais en plein au milieu. Au lieu de faire comme mes camarades, de chercher les petits endroits les plus secs, je me lançais résolûment sur la chaussée, là où la boue était le plus épaisse, où j'en avais jusqu'à mi-jambe, et un quart d'heure après je n'y pensais plus. »

Eh bien, messieurs, voilà ce qu'il faut faire dans des événements pareils : se jeter en plein dans le courant, agir et réagir de toutes façons... et surtout ne pas se résigner. J'admire beaucoup la résignation, c'est une des plus belles vertus chrétiennes,... mais à sa place. Se résigner quand on est cloué sur son lit par la maladie, très-bien! se résigner quand on est enfermé dans un cachot et qu'il n'y a pas de moyen humain de se sauver, à merveille! se résigner quand la pauvreté vous condamne à un travail dur et utile aux autres, c'est admirable. Mais se résigner dans les moments de lutte, non! La résignation, dans des siéges comme celui-ci, est du pain de seconde qualité et qui ne nourrit qu'à demi; car se résigner, c'est accepter, c'est subir, c'est courber la tête, et ce qu'il faut aujourd'hui, c'est la relever.

Permettez-moi un second conseil, que je résume en deux mots... Ne découragez jamais personne, et rassurez toujours tout le monde. D'abord, en rassurant les autres, on se rassure soi-même. Puis rappelez-vous, par votre propre expérience, le mal que peut faire une fatale nouvelle vraie ou fausse. Vous êtes tranquille, vous espérez! arrive quelqu'un dont la figure est sombre, et qui vous dit : « Cela va mal! » Voilà votre pauvre petit rayon de joie qui s'éteint!... Voilà les crêpes de deuil qui retombent sur votre cœur. En vérité, celui qui verse en moi le découragement est aussi coupable que celui qui jette une substance malfaisante dans mes aliments, car, lui aussi, il m'empoisonne!

Mais, par contre, qui ne sait que, dans les moments

de désespoir les plus profonds, il suffit parfois d'un mot de confiance, d'un regard serein, que dis-je? d'un hasard, pour vous relever le cœur? Il y a quelques jours, un de mes amis va aux remparts voir son fils, enrégimenté dans les mobiles; il le trouve accablé de fatigue et souffrant. Voilà le pauvre père désespéré. En revenant, il descendait la grande rue de Saint-Denis, la tête basse et le cœur noyé dans la mélancolie, lorsque machinalement il relève les yeux et voit sur une enseigne de boutique :

« *Espérandieu,* épicier. »

Espérandieu était le nom de cet homme. Eh bien, le croiriez-vous? ce seul nom chassa tout à coup la tristesse de son âme et la remplit de confiance. Oh! oui, messieurs, n'eussions-nous plus la foi et l'espérance dans le cœur, ayons-les toujours sur les lèvres, car il y a des jours où la foi et l'espérance, c'est la charité.

C'est quelquefois aussi la vérité; en voici une preuve frappante :

Vous vous rappelez l'affreux jour du premier combat de Châtillon : un bataillon entier s'enfuyant sans avoir tiré un coup de feu! Des malheureux affolés de terreur, accourant dans Paris au pas de course et se répandant dans tous les quartiers de la ville en s'écriant : « Nous sommes perdus! nous sommes perdus! »

Oh! certes, ce jour-là on avait bien le droit de désespérer! notre malheur paraissait bien réel; eh bien! savez-vous ce qu'était ce jour-là? c'était la veille de notre retour à la vie!

Je ne dis que ce que j'ai vu.

Ce jour-là, j'avais couru comme tout le monde au Trocadéro. J'assistais de loin, le cœur navré, à tous les épisodes de notre défaite. Un des membres du gouvernement de la défense nationale, M. Jules Simon, passe en voiture avec M. E. Picard. Ils m'appellent tous deux de la main; je les suis, et j'entre avec eux dans la petite cour de l'établissement des phares. Au milieu de la cour se trouvait un général à cheval avec son état-major. C'était le général Trochu. M. Picard court à lui. Ils échangent tristement les fatales nouvelles du combat, puis le général, se penchant sur sa selle, dit tout bas à son collègue :

« Eh bien, est-il revenu?

— Vous savez bien qu'on ne dit pas qu'il soit parti.

— Oui, je sais... répondit en souriant le général, mais est-il revenu?

— Pas encore.

— Comment se tirera-t-il de cette bagarre? Il est exposé à recevoir des coups de fusil!... »

Je n'en entendis pas davantage, et je n'en compris pas plus que je n'en entendis.

Eh bien, savez-vous ce qu'était cet *Il?*

C'était M. Jules Favre; M. Jules Favre, parti la veille pour le quartier du roi de Prusse; parti, vous le voyez, au péril de sa vie; M. Jules Favre, qui, le lendemain, lançait sur Paris et sur l'Europe son admirable récit.

En un clin d'œil tout change.

Sous le coup des insultes de M. de Bismark, Paris a bondi tout entier d'indignation et de rage comme un homme qui reçoit un soufflet. Puis, par un effet contraire mais parti de la même cause, les âmes se calmèrent en s'élevant. Notre atmosphère n'était plus la même. La veille nous étions les agresseurs, ce jour-là nous étions les victimes. La veille nous représentions l'iniquité, ce jour-là nous représentions la justice. La veille nous avions tort, ce jour-là nous avions raison! Et, sous ce simple et beau mot, la raison, nous entrâmes dans la pure et tranquille sphère du droit, et nous relevâmes la tête. Ah! si jamais il y a un calendrier républicain, je demande que ce jour-là, le 26 septembre, soit un jour de fête, et qu'il s'appelle la fête de la résurrection!

Sept semaines se sont écoulées depuis ce moment et en sept semaines la résurrection est devenue une régénération!

Messieurs, je n'ai jamais eu de goût pour les phrases déclamatoires, et aujourd'hui, dans la situation grave où nous sommes, il ne faut pas se payer de mots. Les faits seuls doivent parler. C'est donc par les faits seuls que je voudrais vous démontrer cette œuvre de notre régénération; c'est aux faits seuls que je demanderai ce réconfort, cet aliment moral que je voudrais vous donner.

M. de Bismark a dit un jour dans son cynique langage :

« Nous laisserons un peu cuire les Parisiens dans leur jus. »

Soit! monsieur le chancelier fédéral, mais en parlant ainsi, vous ne vous doutiez guère quel bouillon allait sortir de cette marmite-là! Ce qui y cuit... non...

non... laissons-là ce grossier vocabulaire tudesque, qui a je ne sais quelle odeur de choucroute, et parlons notre belle langue française. Plus que jamais, il importe de protester de toutes les façons contre l'invasion teutonne... Chassons-la de nos lèvres, comme de nos murs, et empruntons nos comparaisons à notre véritable mère, à notre maîtresse en élégance comme en liberté, à la Grèce.

A Corinthe, lors du siége, l'incendie fut si terrible que plusieurs métaux différents se fondirent en un seul, et de leurs éléments ainsi violemment amalgamés, sortit ce précieux métal appelé l'airain de Corinthe.

Eh bien! pareil phénomène se produit à Paris depuis trois semaines.

Quatre classes étrangères l'une à l'autre, souvent hostiles l'une à l'autre, le peuple, la petite bourgeoisie, l'aristocratie de fortune ou de naissance, et enfin la province, se trouvent violemment mêlées ensemble par la communauté de périls, de fatigue et d'existence matérielle. La vie de rempart et de caserne rapproche forcément, pendant de longues heures, des hommes que séparait pour toujours leur position. Qu'en est-il résulté? Qu'en se rapprochant, ils se sont fondus ensemble. Les hommes, la plupart du temps, ne se craignent ou se dédaignent que parce qu'ils ne se connaissent pas. Bourgeois et ouvriers, mobiles de province et Parisiens apprennent sur le bastion et sur le rempart à s'estimer, à s'aimer et même à s'aider!

J'en sais un exemple charmant.

Le fils d'un de nos avocats distingués est mobile dans

une de nos banlieues. Son tour venu, il voulait nettoyer la baraque. Un de ses camarades, un paysan, lui arracha le balai.

« Laissez-moi faire, lui dit-il, cela ne vous connaît pas. » Le jeune homme veut résister. « Laissez donc! je balayerai pour vous, vous écrirez pour moi à ma payse. »

Ainsi s'établit la véritable égalité, l'égalité fondée sur le maintien et le développement des différences. Ah! merci M. de Bismark, merci! Grâce à vous, nous sommes tous tombés pêle-mêle dans la fournaise; nous y deviendrons métal de Corinthe! nous y sommes entrés castes, nous en sortirons nation!

Rien ne me le prouve mieux que le nombre des choses mauvaises qui ont été détruites, et des choses bonnes qui ont été faites depuis deux mois.

Le césarisme est mort.

Le prétorianisme est mort.

L'ultramontanisme est mort.

Les petits crevés sont morts.

La guerre même... oui! la guerre est morte, car cette horrible guerre tuera la guerre!

D'un autre côté, l'instruction gratuite et obligatoire est décrétée [1].

Les écoles normales primaires sont fondées.

1. La municipalité de Paris, qui a fait de très-bonnes choses, en a fait une excellente, c'est de doubler dans son budget la somme affectée à l'instruction primaire, et de réaliser ainsi en fait, dans Paris, l'instruction gratuite et obligatoire.

La séparation de l'Église et de l'État est comme accomplie.

Une loi de révision sur le régime des hospices, sur les aliénés, se prépare, et partout l'initiative individuelle substitue la pratique à la routine, la vie à l'immobilité.

Il aurait fallu quarante ans, même sous un régime honnête, pour réaliser ces progrès; quarante jours et dix hommes de cœur y ont suffi.

J'ai dit : Le prétorianisme est mort. J'aurais dû dire... Veuillez attendre mon explication pour juger mon mot. J'aurais dû dire : Le militarisme est mort. Soyons sincères, il y avait une ligne de démarcation regrettable entre les militaires et le reste de la population. L'armée était une nation dans la nation. Elle se considérait et avait le droit de se considérer comme seule chargée de nous protéger. Le drapeau de la France reposait entre ses seules mains; nos soldats semblaient presque seuls les représentants du courage, de l'esprit de sacrifice. Quelquefois même, je ne vous rappelle que ce que vous savez, leur fidélité à un homme a tourné leurs armes contre le pays. Aujourd'hui, ce fatal antagonisme est tombé à jamais. Qui l'a détruit? Osons le dire : nos défaites! Si nos défaites ont enlevé une partie du prestige attaché à ce mot... le soldat français, elles ont emporté aussi du même coup la barrière qui nous séparait du soldat! car ce jour-là, le peuple tout entier a relevé notre drapeau, et l'armée a disparu pour faire place à la nation armée. S'y est-elle abaissée? Non. Elle y a grandi! A mesure que tous les citoyens devenaient soldats, tous les soldats devenaient citoyens, et ils prenaient place, à leur tour, dans notre œuvre de transformation. Hier il y avait un homme qui nous gouvernait, aujourd'hui nous nous gouvernons nous-mêmes; hier il y avait des privilégiés qui faisaient nos affaires, aujourd'hui nous faisons nos affaires nous-mêmes. Hier il y avait une classe qui nous défendait, aujourd'hui nous nous défendons nous-mêmes. Voilà une victoire qui compense bien des revers, et qui doit nous donner du cœur contre bien des souffrances !

Il est un autre fait plus considérable encore, c'est la façon même dont s'est établie la République.

Il y a trois mois, combien étions-nous de républicains en France, et même à Paris? à peine un sur cent. En vain répétions-nous toujours, nous républicains convaincus, que la République était le seul gouvernement raisonnable. Soit! nous répondait-on; mais par combien de folies nous faudra-t-il passer pour arriver à cette chose raisonnable? par combien d'années de révoltes, de discordes intestines nous faudra-t-il acheter son avénement? Puis les souvenirs de 93, les élucubrations insensées de quelques clubs venaient mêler à ces craintes des images de meurtre, de pillage. Le spectre rouge se levait à l'horizon et y jetait une lueur sanglante.

Eh bien, elle est venue cette terrible République! Comment? En un jour, en une heure, sans une violence, sans une secousse. Après avoir été acclamée comme d'inspiration, elle est si bien entrée dans les faits, qu'elle est déjà entrée dans tous les esprits. Tous, soit enthousiasme, soit raison, soit même résignation, tous l'acceptent sincèrement, ne lui demandant qu'une chose... de durer : c'est-à-dire d'être juste, honnête, et... je ne dis pas modérée, mais modérément révolutionnaire; de sorte que dans ce pays, qui ne comptait pour ainsi dire il y a trois mois que des partisans de toutes les dynasties, il n'y a plus en réalité ni légitimistes, ni orléanistes, ni impérialistes, il n'y a plus que des républicains! Comment en serait-il autrement? Savez-vous ce qui crie le plus haut vive la République? C'est Napoléon III et Guillaume, car ce sont leurs forfaits qui le crient! Quoi! voilà, d'un côté, une nation comme la France ruinée en trois mois! voilà nos villes détruites! voilà nos campagnes ravagées! voilà Paris assiégé! voilà notre crédit, notre agriculture, notre commerce, notre industrie comme anéantis! D'autre part, voici une guerre infernale poursuivie à outrance! voici quatre-vingt-dix millions d'hommes, faits pour s'unir et s'aimer, précipités l'un sur l'autre comme des bêtes de proie! Et qui cause tout cela? Ce qui s'est passé et ce qui se passe dans quelques centimètres de matière cérébrale, logée sous le képi d'un empereur ou le casque pointu d'un roi! Ah! après de telles monstruosités, il ne peut plus y avoir qu'un seul sentiment dans tous les cœurs, qu'une seule pensée dans toutes les têtes, qu'un seul cri dans toutes les bouches : Anathème et exécration sur tout pouvoir personnel!... Et vive la République!

Arrivons au spectre rouge. Il s'est levé, comme on l'avait dit; mais la population aussi s'est levée! Et lui... eh bien, lui, il a mérité son nom de spectre...

il s'est évanoui. Est-ce par humanité, par horreur de l'effusion du sang, comme il le dit; ou bien, comme d'autres le prétendent, par... par... vous m'entendez... Je n'insiste pas : car, si cela était vrai, s'il était vrai que ces envahisseurs ont eu l'audace de leur agression sans en avoir le courage; s'il était vrai qu'ils ont déshonoré leur crime même, et souillé leur triomphe d'un moment par des désordres honteux, par des scènes d'ivresse... Eh bien, si cela était vrai, je ne voudrais pas le savoir, car ces désordres hideux auraient été commis par nos concitoyens, par des enfants de Paris comme nous, et alors, bien loin d'en triompher, j'en aurais le cœur navré de regret et de honte !

Mais ce dont nous pouvons justement être fiers, c'est de cette journée même ! Le 31 octobre restera une date pour notre jeune République : c'est un des grands bienfaits du siége. Savez-vous pourquoi ? D'abord parce qu'elle a effacé la journée du 30, et que le Bourget pris et perdu a été mille fois compensé par l'Hôtel de Ville perdu et repris ! Puis aussi, puis surtout, parce que la journée du 31 octobre est une journée de Juin, sans une goutte de sang et sans un soldat. Le brave général qui gouverne Paris nous a rendu bien des services ! jamais un plus grand que le jour où il vous a dit nettement et brutalement, à vous, citoyens et gardes nationales : « Les affaires d'émeutes sont votre affaire et non celles des soldats ! Vous avez des armes, défendez-vous vous-mêmes ! » Et où il vous a jetés tous seuls, pour la première fois, en fac e ces terr es révolutionnaires !...

Qu'est-il arrivé? Un petit fait bien simple, mais où se trouve le salut de l'avenir : c'est qu'il y a un mois, c'était vous qui aviez peur d'eux, et qu'aujourd'hui ce sont eux qui doivent avoir peur de vous! car ils ont mesuré votre énergie, et vous avez pu, vous, mesurer leurs forces et leurs idées. Ils ont laissé leur programme sur le champ de bataille. Qu'y a-t-on trouvé? Toujours les mêmes recettes usées, écrites dans le même style démodé! Toujours la République d'hier; jamais celle d'aujourd'hui et surtout de demain! Et ces hommes-là nous appellent réactionnaires! Mais les vrais réactionnaires, ce sont eux, car ils veulent toujours retourner en arrière, et de quatre-vingts ans!

Messieurs, nous touchons là à un fait assez singulier, où le progrès n'est qu'à demi accompli, et dont le siége achèvera, j'espère, la réalisation. Tâchons de le hâter.

Il y a encore beaucoup de républicains honnêtes et sérieux, qui vivent, ce semble, plutôt en 1792 qu'en 1870. Leur langage est plein d'anachronismes. En est-il un plus étrange, par exemple, que l'abus d'un mot que j'honore, mais qu'on déprécie en le prodiguant : le beau mot de *citoyens*. Pourquoi, dans la vie privée, le substituer au mot *messieurs*. Par respect pour l'égalité? Mais voulez-vous établir la véritable égalité, celle qui élève ceux qui sont en bas, au lieu d'abaisser ceux qui sont en haut? Ne donnez pas au paysan ou au travailleur la petite joie mesquine d'appeler son propriétaire ou son patron, *ci-*

toyen, mais habituez le patron et le propriétaire à dire au travailleur, *monsieur*.

En 1791 et en 1792, rien de plus légitime que la perpétuelle mise en avant du mot de citoyens. Ce nom était le symbole de la conquête récente, la conquête des droits civiques et civils, la devise du drapeau; mais aujourd'hui que nous avons la chose, nous n'avons plus besoin du mot. Prendre aujourd'hui le mot de citoyen pour mot de ralliement, c'est comme si on criait : Vive la Réforme! ou : Vive la Charte! Ajoutez qu'il ne faut jamais appauvrir la langue en supprimant une appellation utile, car c'est appauvrir la pensée humaine! Or, citoyen et monsieur sont deux mots qui s'appliquent à deux choses très-différentes : l'un correspond à la qualité générale d'homme; l'autre ne s'applique qu'au rôle de membre de la cité. Je suis *monsieur* par toute la terre, je ne suis *citoyen* que dans mon pays! Enfin ce mot a, en France, quand il est mis à tout propos, le plus grand des inconvénients : il prête quelque peu à la raillerie. Que dirai-je donc du mot de citoyenne? Nous voyez-vous, nous, auteurs dramatiques, faisant dire à un amoureux qui s'adresse à la femme qu'il aime :

« Délicieuse citoyenne! »

Non! non! conservons le mot de *citoyen* pour les actes publics, auxquels il prête un si bel air de gravité républicaine; mais écartons-le des rapports de la vie privée, où il a le double tort de faire un peu sourire et un peu trembler.

J'en dirai autant de cette ardeur trop excessive à changer tous les noms de nos rues, de nos places et de nos lycées.

Qu'on efface certains noms odieux, comme le Dix-Décembre; rien de plus juste. Qu'on appelle le collége Condorcet le collége de... Je ne peux pas le nommer! Soit! Mais pourquoi n'avoir pas rétabli le vieux et glorieux nom de collége Henri IV? Pourquoi surtout avoir changé en place des Vosges la place Royale? La place Royale, un des monuments les plus parisiens de notre Paris! La place Royale, le témoin des mœurs, des habitudes d'un des règnes les plus glorieux de notre histoire! La place Royale, dont le nom se retrouve à toute page, dans Mme de Sévigné, dans Retz, dans Saint-Simon! La place Royale enfin qui est le titre d'une pièce de Corneille! [1] Rompons donc une fois pour toutes avec ces réminiscences de la Convention, que la Convention elle-même désavouerait.

Messieurs, j'admire beaucoup certains actes et certains hommes de la Convention. Pas tous! oh! non! Il est même tel d'entre eux, et parmi les plus illustres... je touche ici à un point bien délicat, et je vais peut-être, comme cela m'est déjà arrivé ailleurs, choquer ici plus d'une sympathie que je respecte. Mais à mes yeux, comme aux vôtres, j'en suis sûr, la Répu-

1. Si légère que soit cette critique, je ne l'adresse pas sans regret à l'homme de cœur qui dirige la municipalité de Paris, mais j'en appelle de sa décision à lui-même, c'est-à-dire à l'auteur consciencieux de tant d'excellents articles de théâtre, et surtout au poëte des *Aristocraties*.

blique ne serait pas la République si un honnête homme n'avait pas le droit absolu de dire tout haut et librement sa pensée ! La censure ne serait pas abolie, les usages de la monarchie ne seraient pas renversés, si on ressuscitait pour telle ou telle dynastie de personnages historiques, surtout de républicains, le crime de lèse-majesté, ou la loi du sacrilége ! Pour moi, je ne saurais admettre qu'on proclame les fonctionnaires publics inviolables après leur mort, quand on a tout fait pour les rendre responsables de leur vivant. Je reprends donc, et je dis qu'il est dans la Convention des hommes dont ma pensée se détourne avec une répulsion profonde. Soyons justes pourtant ! Quels qu'aient été leurs fautes et leurs excès, il est une chose que nous n'avons pas le droit d'oublier. L'œuvre terrible que nous entreprenons, l'œuvre de la délivrance nationale, ils l'ont accomplie, eux ! Si nous l'accomplissons à notre tour, c'est à eux que nous le devrons, car c'est leur souvenir qui nous a réveillés, c'est le souffle de 1792 qui a soulevé 1870 ; et Dieu veuille que nous puissions dire à notre tour ce que l'un d'eux dit, par la bouche du poëte :

Je jure que tel jour j'ai sauvé la patrie !

En outre, les hommes de la Convention ont tous eu une qualité toute-puissante, souveraine, le sentiment des besoins de leur temps, ce que j'appellerai l'instinct de la situation. Eh bien, je suis convaincu que, s'ils revivaient, ils diraient à leurs imitateurs : « Lais-

« sez donc là tout notre vocabulaire, toutes nos formu-
« les! Et si vous voulez vraiment nous continuer, faites
« ce que nous ferions, et non pas ce que nous avons fait!
« Le but est changé, la route doit l'être. Notre œuvre, à
« nous, était une œuvre de combat, la vôtre est une
« œuvre de conciliation. Nous avions à détruire, vous
« avez à fonder. Il nous fallait bien répudier le passé,
« puisque c'était contre lui que nous nous battions.
« Mais vous! le passé est votre héritage, il fait partie de
« vos richesses nationales, de votre patrimoine. Au lieu
« de le répudier, embrassez tous les siècles de la France
« dans votre étreinte fraternelle. Tout homme qui a
« rendu un service à notre pays, que ce soit il y a trois
« siècles ou il y a trois lustres, cet homme a été votre
« aïeul. Henri IV est pour vous le frère de Vercingéto-
« rix; car si l'un est le héros de la Gaule, l'autre est
« le régénérateur de la France! Confisquez donc, acca-
« parez, réunissez toutes nos gloires pour en former
« un vaste faisceau de lumière : Il faut faire entrer le
« plus d'étoiles possible dans le ciel de la République! »

Je m'en fie pour cela à l'esprit de Paris. Paris, et c'est là un de mes grands sujets de réconfort, Paris n'a jamais eu tant de bon sens et d'esprit. Cette verve qu'il dépensait il y a quelques mois en pièces de théâtre, en livres, en œuvres d'art, il la répand aujourd'hui à grands flots en inventions industrielles, militaires, alimentaires, voire même maraîchères! C'est tous les jours quelque chose de nouveau! Nous devenons tous mécaniciens, stratégistes! Qui est-ce qui n'a pas inventé des canons? Le cerveau parisien bout!

Encore un bouillon sur lequel M. de Bismark ne comptait pas! Mais nos plus jolis instruments de défense sont certainement les ballons et les pigeons. Nous aussi, comme les Romains, nous sommes sauvés par des oiseaux, mais par des oiseaux plus poétiques! Et que dites-vous des ballons qui servent maintenant de voitures aux hommes d'État? Ils ont, du reste, gagné quelque chose à cet emploi nouveau. Remarquez, en effet, que le *Journal officiel,* en annonçant le départ de M. le ministre de l'intérieur, n'a pas dit : Il est parti *en ballon!* Le mot eût quelque peu prêté au ridicule, mais « par le ballon. » Or ce simple article, ajouté au mot, a non-seulement relevé la phrase, mais donné à l'aérostat un état civil; le voilà quelqu'un. Il monte au rang des rouages de la machine sociale, car il a un article comme *les* postes, comme *le* télégraphe, comme *la* vapeur; c'est sa particule nobiliaire, ce *le,* c'est son *de.* Ainsi de tous côtés aux renversements succèdent les avénements.

J'ai hâte d'arriver au dernier point de notre entretien, c'est-à-dire au dernier motif de réconfort que je voudrais vous offrir.

Dans la vie ordinaire, dans le mouvement des occupations et des plaisirs habituels, le connais-toi toi-même, de Socrate, tient peu de place. On n'accorde à sa conscience que de rares audiences; nous ne sommes pour nous-mêmes qu'une connaissance que nous voyons de temps en temps; on ne cause pas à fond avec soi. Mais les loisirs forcés du siége, les longues veillées sur les remparts, les réflexions sérieuses, nées de la gravité des événements, nous amènent forcément à faire notre inventaire moral. Comme l'a dit un homme de beaucoup d'esprit, qui est en même temps un très-bon citoyen : « On descend dans les sous-sols de sa conscience. » Or, avouons-le, ce que nous y avons trouvé au début n'était pas toujours beau. Combien d'égoïsmes que nous nous cachions à nous-mêmes! Combien de faiblesses que nous ne voulions pas voir! Que de défaillances profondes et secrètes ont éclaté alors à nos yeux! Mais à mesure que nous avons pratiqué cette rude vie de siége, nous avons senti notre âme se retremper et se fortifier. Je ne voudrais pas, dans les graves circonstances où nous sommes, jouer le rôle de flatteur; mais je crois qu'il n'y a pas un de nous qui ne sente qu'il vaut mieux aujourd'hui qu'il y a un mois. La Rente a baissé, mais le cœur a monté.

En voulez-vous la preuve? Il y a quatre mois, la France était riche; le commerce prospérait, les ouvriers travaillaient, les fermiers récoltaient, les locataires payaient. Aujourd'hui, la ruine est partout! Plus d'industrie! plus de revenus! Un avenir aussi sombre que le présent! Eh bien, supposez que, par un miracle, ces quatre mois pussent être comme anéantis, et qu'il nous fût possible, à nous, de revenir tout à coup et définitivement à ce luxueux régime déchu? Accepterions-nous... Non! je suis sûr qu'il n'y a pas dans cette salle dix personnes qui diraient oui! Pourquoi? Parce que l'effondrement de l'Empire nous a mis soudainement devant les yeux un tel amas de corruptions, que nous avons bondi en arrière de dégoût, et que devant un tel retour nous nous écririons : Tout ! tout! plutôt que de rentrer dans ces écuries d'Augias! Eh bien, voilà le cri du réveil! Voilà le thermomètre de votre nouvelle valeur morale. Je ne vous dirai pas, comme on le répète trop, que vous êtes sublimes, que vous emportez l'admiration du monde; non! Je vous dirai simplement, ce qui est bien plus fort, selon moi, que vous êtes redevenus honnêtes! Avec l'honnêteté a reparu un mot que je n'ai pas entendu vingt fois en vingt ans, sur les boulevards, et que je trouve maintenant sur toutes les bouches, c'est le mot *devoir!* Vous rencontrez un ami qui revient du rempart, fatigué, blémi, vous le plaignez : « Que voulez-vous, mon cher? vous répond-il, il faut faire son devoir. » Le vieillard que son âge exempte du service, vous dit en prenant son vieux fusil : « Si les Prussiens viennent, je ferai mon devoir. » Et dans cette simple et mâle parole se trouvent tous les sacrifices que vous impose le siége, jusqu'à celui de la vie.

Eh bien, plus j'ai réfléchi à ce dur régime, plus j'ai acquis la conviction que si la Providence nous y soumet, ce n'est pas seulement pour nous faire expier notre passé, mais c'est aussi, c'est surtout pour nous préparer à notre avenir, pour nous exercer d'avance aux devoirs qui nous attendent. Il faut bien nous le dire; le siége fini, tout ne sera pas fini. Nous sortirons de l'enfer, mais pour entrer dans le purgatoire : après les périls viendront les épreuves; après les batailles, des difficultés aussi terribles que des batailles! Les graves problèmes du salaire, du travail, de la misère, viendront frapper à la porte de l'Assemblée et demander satisfaction. On ne pourra plus ajourner indéfiniment les solutions, comme on le fait si souvent quand il s'agit des souffrances des autres, car il n'y aura plus de souffrances des autres! Tous, nous devrons supporter notre part du malheur de tous! tous, apporter notre pierre à l'édification du sort de tous! Une communauté féconde et incessante de sacrifices et de services deviendra notre première loi; la République, aux trois mots de sa devise : Liberté, Égalité, Fraternité, en devra ajouter un quatrième : Solidarité. Eh bien, examinez attentivement ce qui se passe depuis un mois, et voyez s'il ne semble pas que Dieu — pardon, ce nom sonne mal à certaines oreilles. Raison de plus pour moi de le prononcer! car je crois à Dieu de toutes les forces de mon âme! et je ne puis m'expliquer comment des hommes qui ont le culte de la justice et de la bonté peuvent nier celui qui n'est autre chose que l'assemblage de la bonté et de la justice. Je reviens et je dis : Ne semble-t-il pas que Dieu nous conduise par la main devant tous les écueils qui nous attendent, pour nous apprendre à les éviter? En définitive, que faisons-nous pendant ce siége? Notre éducation. Nous sommes en apprentissage. Ces fondations de sociétés de toutes sortes, ces organisations de secours, d'aliments, de vêtements, de travail, ne sont que des essais de nos institutions futures. Essais bien informes! réglementations bien irrégulières! soit! mais il y a quelque chose qui s'y exerce merveilleusement, c'est le grand instrument au moyen duquel s'opéreront toutes ces transformations, c'est notre cœur! On a dit que Paris assiégé est un vaisseau... Oui, un vaisseau-école! Nous apprenons la manœuvre, et quand le vaisseau s'élancera libre dans la pleine mer, il voguera glorieusement jusqu'au bout du monde, car son équipage sera prêt, et il aura en poupe pour gonfler ses voiles, les deux souffles tout-puissants devant lesquels disparaissent tous les obstacles et qui dévorent tous les espaces : l'esprit de justice et l'esprit de charité.

Messieurs, j'entends d'ici votre objection! Je la lis sur vos lèvres!... — Oui! répondez-vous; mais ce navire, quand sortira-t-il? Qui nous tirera de cet abîme? Comment tout cela finira-t-il? Quand? Comment? Qui oserait répondre à une telle question? Mais d'abord, une chose me rassure!... C'est que, soyez-en certains, nos ennemis se demandent aussi : Comment tout cela finira-t-il? Leur position aussi est critique : la campagne qu'ils continuent est sans objet réel, sans issue, sans rapport ni avec les sacrifices qu'elle leur impose, ni avec les avantages qu'elle peut leur rapporter. Nous subissons une guerre terrible, mais eux ils font une guerre bête. Nous avions déjà pour nous le bon droit, nous avons maintenant le bon sens; or, croyez-moi, avec ces deux alliés-là, on ne périt pas.

Il y en a un gage certain à mes yeux : c'est notre transformation morale elle-même.

Je ne suis pas de ceux qui attribuent à la Providence une action continue et quotidienne sur la direction des affaires humaines, ce serait mettre à sa charge trop d'injustices et de monstruosités; mais il y dans la marche des États et dans leur destinée un certain rapport entre les effets et les causes, qui est ce que j'appellerai la fatalité de la logique. Eh bien, ouvrez toutes les histoires, interrogez tous les siècles, et je vous défie d'en trouver un seul où se rencontre ce monstrueux fait, d'un peuple qui en même temps, à la même heure, se régénère et s'anéantisse. L'abaissement de la France ne peut pas être le résultat, le dénoûment de sa régénération. Dieu ne conduit pas les peuples à leur perte par un tel chemin.

Courage donc, mes chers concitoyens; je ne dis pas messieurs cette fois! courage et espérance! D'où nous viendra le salut? Est-ce de l'action de l'Europe? Est-ce du concours de la France? Est-ce des éléments? Est-ce de notre propre et seul effort? Je ne le sais! Mais ce dont je suis bien bien sûr, c'est que comme l'a dit l'homme de cœur qui gouverne Paris, cet effort, il faut le faire! Il faut tenir! A quoi bon? disent les prétendus sages; pourquoi tenir s'il faut finir par céder? Pourquoi? parce que l'imprévu n'est qu'à celui qui tient; parce que l'ennemi ne cède quelque chose qu'à celui qui tient; parce que l'honneur ne reste qu'à celui qui tient. Or, sauver l'honneur, c'est sauver l'avenir. Que les défaillants se le disent; la faiblesse, qui est quelquefois le salut d'aujourd'hui, est toujours la perte de demain. Les défaites se vengent; les dommages se réparent; une nation peut être vaincue, brisée foulée aux pieds, et revivre un jour forte et glorieuse! mais une nation avilie est une nation morte;

c'est comme un homme qui a reçu un soufflet; toute sa vie, il reste sous le coup de ce soufflet. Eh bien, si Paris, après avoir fortifié sept lieues de remparts, armé dix forts, levé trois cent mille soldats, fabriqué deux cent mille fusils, fondu deux cents canons, constitué trois armées complètes; si Paris, dis-je, se précipitait aveuglément vers la paix, et se livrait ainsi comme à discrétion, Paris ne serait pas seulement abaissé, il serait ridicule, et ne s'en relèverait jamais à ses propres yeux!

Ne l'oublions pas! une de nos seules gloires dans ces trois mois de désastres, c'est la défense de Paris. Qui nous a retrempés? la défense de Paris. Qui nous a relevés aux yeux de nos ennemis? la défense de Paris. Qui a vaincu l'indifférence ou l'hostilité de l'Europe? la défense de Paris. Il y avait de notre temps deux épées illustres et irréconciliables, Charette et Garibaldi; qui a poussé ces deux hommes qui se combattaient hier, à s'unir aujourd'hui pour nous défendre? qui a fondu pour nous ces deux haines en un seul amour? la défense de Paris. Enfin, qui pourra seul nous procurer une paix honorable? la défense de Paris! Brave et cher Paris! Je m'étonne toujours d'entendre dire qu'il est est triste d'aspect! Paris triste! Je ne l'ai jamais trouvé si beau! Oui, ce Paris cerné, bloqué, bastionné, sans chemins de fer, sans spectacles, sans gaz, et se découronnant par ses propres mains des forêts qui l'environnent, comme une veuve qui coupe sa chevelure en signe de deuil, ce Paris me semble mille fois plus brillant que dans ses plus beaux jours de fête!... que dis-je ? plus brillant même que dans ces incomparables mois de l'Exposition universelle, où il donnait une hospitalité si loyale et si cordiale à ceux qui l'égorgent aujourd'hui ! Car Paris alors n'exposait que son génie : aujourd'hui il expose aux yeux du monde quelque chose qui vaut mille fois plus que toutes les merveilles de l'industrie, de la science et de l'art : son âme !

PARIS. — J. CLAYE, IMPRIMEUR, 7, RUE SAINT-BENOIT. — [1453]

www.ingramcontent.com/pod-product-compliance
Lightning Source LLC
LaVergne TN
LVHW020300230826
846091LV00006B/2484